Unterricht von Deutsch als Fremdsprache. Die Fragebogenmethode als Forschungsinstrument für den DaF-Unterricht

Malika El Kebir

Bibliografische Information der Deutschen Nationalbibliothek:

Die Deutsche Nationalbibliothek verzeichnet diese Publikation in der Deutschen Nationalbibliografie; detaillierte bibliografische Daten sind im Internet über http://dnb.d-nb.de abrufbar.

ISBN: 9783346431547
Dieses Buch ist auch als E-Book erhältlich.

Druck und Bindung: Books on Demand GmbH, Norderstedt Germany
Gedruckt auf säurefreiem Papier aus verantwortungsvollen Quellen

Das vorliegende Werk wurde sorgfältig erarbeitet. Dennoch übernehmen Autoren und Verlag für die Richtigkeit von Angaben, Hinweisen, Links und Ratschlägen sowie eventuelle Druckfehler keine Haftung.

Das Buch bei GRIN: https://www.grin.com/document/1027470

Inhaltsverzeichnis

Fragebogenmethode als Forschungsinstrument einer wissenschaftlichen Arbeit von EL Kebir Malika

Im Rahmen der wissenschaftlichen Arbeit sind die Forschungsinstrumente bzw. Fragebogenmethode Kernelement einer praktischen Untersuchung neben den verschiedenartigen Methoden, Apps, Mitteln, Techniken. Also die oben zitierten Methoden leisten einen großen Beitrag zur Erreichung der Ziele. In diesem Zusammenhang gilt das Instrument eigentlich zur Erstellung der durchgeführten Aktivität. Die Technik kann nicht nur eine Art, sondern mehrere Instrumente schreiben. In einem didaktischen Konzept beschreibt die Methode den zielgerichteten Einsatz von Forschungsinstrumenten und Verfahren. Weiterhin legen wir den Akzent in dieser vorliegenden Ausarbeitung vor allem auf das so genannte Fragebogenforschungsinstrument und sollte endlich gefragt werden, ob Wir als Lehrkräfte/ Dozierende im DaF- Unterricht eine Fragebogenmethode nutzen? Und wie können wir dieses Forschungsinstrument in der Unterrichtspraxis und sogar im Deutsch als Fremdsprachenunterricht am besten erreicht werden? Führt der Fragebogen zur Problemlösungstechnik? Dazu lässt sich weitere Frage stellen: An Welchem Punkt befindet sich der Fragebogen als Forschungsmethode in der empirischen Praxis einer wissenschaftlichen Arbeit?

1.Techniken, Methoden, Tricks, Forschungsinstrumente, Apps aus allgemeiner Sicht Es existieren die Vielfalt von Methoden und wir legen bei diesem Abschnitt auf Definitionen der folgenden Begriffe: Forschungsinstrument und Methodenbegriff aufmerksam und Erklärungen der Methoden im Fremdsprachenunterricht und der didaktischen Methoden sind von großer Bedeutung. In diesem Sinne betont man mit Recht, dass Plädoyer des Fragebogens einen bedeutenden Beitrag zum Gelingen der wissenschaftlichen Arbeit und sogar zur Erzeugung- Erweiterung der Ideen leistet.

1.1 Begriffliches zum Instrument- und Methodenbegriff

Im Allgemeinen dient der Instrumentbegriff zur Entfaltung und Erstellung der Ideen und Konzepte. Den Fähigkeiten bzw. Kapazitäten einer Person und sogar den didaktischen Gedanken entsprechen stets Forschungsinstrumente. Bezeichnet wird die Methode als Weg zur Erreichung eines Ziels. Zur Entwicklung der Ziele, Fähigkeiten und Fertigkeiten wird die Methode in verschiedenen Bereichen verwendet. Begriffen wird also die Methode als System von Unterrichtsverfahren. In dieser Hinsicht definiert **HEUER** **(1989,419)**[1] Unterrichtsmethode folgendermaßen „Unterrichtsmethoden werden als Lehrverhalten verstanden, mit denen die Fremdsprache und die mit ihr verknüpfte Kultur und Literatur den Lernenden vermittelt wird." Die Unterrichtsmethode wird bei **DESSELMANN; HELLMICH(1981,388)**[2] im engen Sinne von einem Verständnis von Unterrichtsmethoden im weiten Sinne unterschieden. Im engen Sinne soll die Unterrichtsmethode „ das Wechselverständnis zwischen Lehrenden und Lernenden widerspiegeln" und umfasst die Komplexe von Lehr und Lernverfahren.

Methode kann man definieren als Weg bzw. Zug, der uns zu einem bestimmten Ziel führt. Angesichts des Terminus „Methode", so argumentiert **VIELAU**[3]: „In einem engeren Sinn gebraucht wird unter Methode eher die Auswahl und Menge der Lerngegenstände, die einzelnen Schritte der Vermittlung (Präsentation) zur Erreichung bestimmter Ziele, Fähigkeiten und Fertigkeiten in bestimmten Bereichen. "

1.2 Didaktische Methoden

Wir beschäftigen uns im Folgenden mit den bekannten Methoden des neusprachlichen Unterrichts und mit den didaktischen Methoden einer wissenschaftlichen Arbeit im DaF- Unterricht.

---

[1] Heuer, Helmut(1989,419): Unterrichtsmethoden .In: Bausch, Karl-Richard; Herbert, Christ; Werner, Hüllen u.a (Hg.):Handbuch Fremdsprachenunterricht. Tübingen 410-413

[2] Desselmann, Günther ;Hellmich, Harald : Didaktik des Fremdsprachenunterrichts Deutsch als Fremdsprache, Leipzig. In.: Helbig, Gerhard; Götze, Lutz; Henrici, Gert; Krumm, Hans-Jürgen.: Deutsch als Fremdsprache. Ein internationales Handbuch.2. Halbband Walter de Gruyter. Berlin, New York 2001 S.842

[3] Vielau, Axel: Audiolinguales oder bewusstes Lernen. Aspekte zur Methodologie des Fremdsprachenunterrichts. In: Krammer, J: Bestandaufnahme-Fremdsprachenunterricht. Argumente zur Reform der Fremdsprachen-Didaktik Stuttgart 1976

1.2.1 Methoden des Fremdsprachenunterrichts Es kam zu einer Reihe verschiedener vielfältiger Entwicklungslinien der Fremdsprachendidaktik. Es gibt eine Fülle von didaktischen Methoden, basierend auf den Methoden des Fremdsprachenunterrichts und auf den wichtigsten Problemlösungstechniken jeder wissenschaftlichen Arbeit und in der Unterrichtspraxis. **Grammatikübersetzungsmethode (GÜM):** Vom altsprachlichen Unterricht (Latein, Griechisch) wurde die Grammatikübersetzungsmethode (GÜM) übernommen. Nach dem zweiten Weltkrieg hatte die GÜM. eine starke Stellung und heutzutage ist sie in unterschiedlichen Institutionen vertreten. In der GÜM. wird die Sprache mit der Grammatik gleichgesetzt. Da die gesprochene Sprache vernachlässigt wird. Dem Grammatiklernen wurde eine große Gewichtung beigemessen. Prinzipiell wurde die Grammatik bei ihr nach Wortarten gegliedert, sodass sie eine tragende Rolle neben der Übersetzung spielte. Mit der Grammatik formulierte der Lerner selbständig richtige Sätze. Grammatikregeln wurden seit dieser Zeit deduktiv erklärt und vermittelt. Zunächst einmal wurden sie übrigens durch Beispielsätze in der Zielsprache mit Muttersprachlern Übersetzung erklärt und dargeboten. Außerdem stand das Lernen grammatischer Regel im Vordergrund. Es ging nämlich in dieser Methode um sprachkontrastives Lernen. Es werden Vergleiche zwischen Mutter- und Zielsprache gezogen. Bei dieser Methode war die Grammatik im Allgemeinen ein Selbstzweck. **HEYD(1990,26)**[4] sagt zu diesem Punkt:[.] „das Ziel der Grammatikübersetzungsmethode war, die Baugesetze der fremden Sprache zu vermitteln, so dass der Lerner mit Hilfe von Regeln Sätze in der fremden Sprache bilden kann." Laut **BAUCH** et al.[5] (**1955 S.183**) sei das Ziel der Grammatik aber auch die Kenntnis der Wörter und der Grammatikregel der Fremdsprache. Hierzu versteht man, dass die Lerner beispielsweise die Grammatik auf eine andere Weise üben können.

---

[4] Heyd, Getraude : Deutschlehren. Grundwissen für den Unterricht in Deutsch als Fremdsprache 1999, S.26

[5] BAUCH et al :Handbuch Fremdsprachenunterricht 3.überarbeitete und erweiterte Auflage. Francke Verlag, Tübingen und Basel :1995,S.183

Besonderes Augenmerk wurde auf ein kognitives Lernkonzept bei dieser ältesten Methode gerichtet. Es handelt sich im Unterricht nicht um den kommunikativen Gebrauch der Sprache, sondern vielmehr um die Grammatik und die Übersetzung der Texte. Das Sprachwissen steht immer vor dem Sprachkönnen. Grammatische Regeln werden eigentlich erreicht, und die Mündlichkeit, Hörverstehen und Sprechen sind beispielsweise nachrangig. Mehr orientiert sich die Grammatikübersetzungsmethode an dem gewichten Platz des Lehrwerks und bezieht sich überhaupt auf die systematische Progression, d.h. vom Einfachen zum Schwierigen. Nach **HENRICI(1996,510)**[6] ist der Unterrichtsablauf deduktiv- stereotyp und frontal orientiert in der GÜM. Darauf gehe ich im Folgenden ein, dass der mündliche Sprachgebrauch und die Einbettung der Sprachmuster in dialogische, situative Kontexte keine werdende Rolle spielen. Wichtig ist das Hauptziel der GÜM. nicht die Fähigkeit zur Kommunikation in der Fremdsprache und nicht die Dominanz des Mündlichen, sondern die literarische Übersetzugsfähigkeit.

Dazu sind die Grammatikübungsformen in der GÜM. im Vergleiche zu **NEUNER**[7] (**1981S.11**) folgendermaßen klassifiziert: – Korrekte Sätze nach einer Regel bilden (Regelanwendung)

– Korrekte Formen eingeführt (Lückentexte)

– Satz nach formalen Grammatikkategorien

– Umformen vom Aktiv ins Passiv etc.

– Übersetzung von Muttersprache ins Deutsche, vom Deutschen in die Muttersprache.

Abschließend hat Vïëtor der Grammatikübersetzungsmethode vorgeworfen, dass die Reformbewegung ebenfalls sie an ihren sinnvollen Unterrichtprinzipien kritisiert hat. Da der Verstand des Lernens nicht gefördert wurde. Diese Methode blieb nicht lange Zeit und erschien die Direkte Methode.

---

[6]Henrici, Gert :Kleine Geschichte der Fremdsprachenlehr- und Lernmethoden. In.: Henrici, Gert; Riemer, Claudia (Hrsg.) mit Arbeitsgruppe. Einführung in die Didaktik des Unterrichts Deutsch als Fremdsprache mit Videospielen Band2, Auflage2 Schneider Verlag Hohengehren GmbH Baltmannsweiler 1996,S.510

[7]Neuner ,Gerhard; Krüger, Michael; Grewer, Ulrich: Übungstypologien zum kommunikativen Deutschunterricht, München, Langenscheidt Verlag 1981S.11

Vertreten wurde die **Direkte Methode** von Vïëtor. Die Kritik der Grammatikübersetzungsmethode hat Am Anfang des 19. Jahrhunderts zugenommen. Anhand der direkten Methode wurden die Grammatikbeispiele berücksichtigt, wo sie in tabellarischer Form dargestellt wurden. Dazu war die Arbeit mit der Grammatiktabelle eventuell als gutes Verfahren beim Verstehen der grammatischen Regel. Die Grammatik wurde in der DM. überwiegend nicht vernachlässigt, obwohl die Reformmethode die Muttersprache als störender Faktor sah. Also das Hauptziel dieser Methode war nämlich die Einsprachigkeit, die die Muttersprache ausgeklammert hatte. Zur direkten Methode gehörten dazu Beispielgrammatik, Beispielsätze und Induktive Grammatikvermittlung.

Zur Beherrschung der Zielsprache waren das Hören und Nachsprechen die wichtigsten Wege. Wert gelegt wurde vor allem auf die Aussprache. Darüber hinaus wurden einige Übungsformen[8] dargestellt: Lückentexte, Fragen zum Text und schriftliche Übungen wie Nacherzählung und Aufsatz. Dabei hatte diese Methode glücklicherweise einen hohen Erfolg realisiert. Die Prinzipien der direkten Methode lassen sich nach **HENRICI**[9]so kennzeichnen:

– „ Der Unterricht wird ausschließlich in der Fremdsprache durchgeführt,

_ nur die Alltagssprache wird gelehrt,

_ Grammatik wird wenn überhaupt induktiv behandelt, Kognitivierungen von sprachlichen Sachverhalten werden ausgeschlossen,

– mündliche Fähigkeiten werden in einer genau festgelegten Abfolge in Form von Frage, Antwort-Sequenzen unterrichtet,

– Neue Kenntnisse sollen durch praktisches Handeln erworben werden,

– Konkretes Vokabular soll über Demonstrationen, Gegenstände, Bilder vermittelt werden,
– Abstrakta durch Assoziationen,

– Nachsprechen und Hörverstehen stehen im Vordergrund[.]"

---

[8] Ebenda 1981 S. 11

[9]Henrici, Gert : Methoden des Deutsch als Fremdsprachenunterrichts. In.: Helbig, Gerhard; Götze, Lutz; Henrici, Gert; Krumm, Hans-Jürgen.: Deutsch als Fremdsprache. Ein internationales Handbuch.2. Halbband Walter de Gruyter. Berlin, New York 2001 S.844

Selbstständig können wir die Charakteristika der direkten Methode folgendermaßen zitieren:

– Vorrang des Sprachkönnens vor dem Sprachwissen

– Dominanz des Mündlichen vor dem Schriftlichen

– Die Ausklammerung der Muttersprache

– Die Visualisierung bzw. die Veranschaulichung des Unterrichts

– Die Richtung nach dem alltäglichen Sprachgebrauch

Diese Methode dauerte nicht lange Zeit, da sich die Lernenden nur auf Rezeption und Imitation bezogen haben.

Nach der DM. entstand zeitparallel die audiolingual- visuelle Methode. **Audiolinguale und audiovisuelle Methode (ALM/AVM):** Aus einer Reihe von Ansätzen im Gebiet der Linguistik und Pädagogik entwickelte sich die Audiolinguale Methode.

In diesem Gedankengang basiert die Audiolinguale Methode nicht nur auf dem Strukturalismus in der Linguistik, sondern auf dem Behaviorismus in der Lernpsychologie. Bezeichnet wird die so genannte ALM. allgemeiner als auch Pattern Method, Habit- Formation Method, Oral Approach oder Army Method, weil die Anhörigen der US-Armee während des zweiten Weltkriegs ganz schnell und effektiv die Fremdsprache lernen sollen.

Laut dem Buch „Methoden des fremdsprachlichen Deutschunterrichts"[10] wurden die Termini audiolingual und audiovisuell folgenderweise definiert: In dem Ausdruck „audiolingual" sind zwei lateinische Wörter zusammengefügt: Lat: audire: hören; Lat: lingua: Zunge; Rede; Sprache. Ins Deutsche übersetzt, bedeutet „audiolinguale Methode" etwa Hör-Sprech-Methode. Der Ausdruck „audio-visuell" besteht aus zwei Wörtern lateinischen Ursprungs: Lat. audire= hören; Lat. Videre = sehen. Ins Deutsche

---

[10]Neuner, G; Hunfeld, M: Methoden des fremdsprachlichen Deutschunterrichts. Eine Einführung Fernstudieneinheit. 4 .Langenscheidt Verlag, München 1993 S.24 ff

übersetzt, bedeutet dies: Hör-Seh-Methode. Ziel der ALM/AVM war die Entwicklung des Sprechkönnens und nicht mehr das Sprachwissen. In der ALM. werden authentische Sprachmuster in Situationen eingebettet und dialogisch aufgebaut. Die Muttersprache war obermals ausgeschlossen. Die gesprochene Sprache spielte eine höchst ober geordnete Rolle, denn die ALM. schließt die grammatische Erklärung aus, d.h. die Muster werden grammatisch nicht erläutert, sie sollen durch das Nachahmen von Pattern-Übungen geübt werden.

In diesem Blickwinkel kann festgestellt werden, dass die ALM. von der Aneignung von Pattern ausgeht.

Im Laufe dieser Methode hat man darauf gedeutet, dass die grammatische Kompetenz von anderen sprachlichen Bereichen erworben wurde. Weiterhin ging man davon aus, dass die Fertigkeiten „Hören und Nachsprechen" den Vorrang vor „Lesen und Schreiben" hatten. Daraus ergab sich vorliegende didaktische Abfolge der Fertigkeiten: Zuerst Hören, dann Nachsprechen, danach erst Lesen, folglich Schreiben. Wichtig ist festzustellen, dass der Dialog als Modell für Alltagssprache als vorherrschende Testsorte galt. Zunächst einmal werden Grammatikbeispiele mit der betreffenden Struktur aus einem Text selektiert. Zusammengestellt werden sollten die Grammatikregel aber tabellarisch und schematisch. Die Übungstypen sind variiert und differenziert und ihre Komplexität wird progressiv erweitert wie Substitution und Ergänzung. **NEUNER**[11]fasst vorliegende Prinzipien der ALM zusammen:

– „Vorrang des Mündlichen vor dem Schriftlichen in der didaktischen Folge der Fertigkeiten Hören, Sprechen, Lesen und Schreiben,

– Situativität und Authentizität der Sprachvorbilder: Einbettung des neuen Sprachmaterials in Alltagssituationen,

– Pattern practice: Auswendiglernen von Modelldialogen und Einschleifen von Sprachverhaltensgewohnheiten (Patterndrill),

– Einsprachigkeit: Ausschluss der Muttersprache, um Interferenzen zu vermei-den,

– Grammatikprogression aufgebaut nach Kriterien der Komplexität des Patterns in der Zielsprache."

Zum kommunikativen Deutschunterricht unterschied **NEUNER et al**[12] (**1981, S.12**) vorliegende Übungstypen der ALM-AVM:

– Patterndrill (in vielen Variationen)

– Satzschalttafeln-Substitutionsübungen

---

[11]Neuner, Gerhard: Randbemerkungen zum Wandel der Bedeutung der Grammatik in den Methoden des Fremdsprachenunterrichts. In. : Ehnert, Rolf; Piepho, Hans- Eberhard (Hrsg.): Fremdsprachen lernen mit Medien. Festschrift für Helm von Faber zum 70. Geburtstag. Max Hueber Verlag München 1996, S. 220

[12]Siehe ,dazu: Neuner u. a. 1981 S.12

– Ergänzungsübungen (Lückentexte), – Bildgesteuerte Einsetzübungen (Dialogübungen)

– Reproduktion und Nachspielen von Dialogszenen

– Formungsübungen

Gleich beruhte die ALM/AVM sonst auf ähnlichen Prinzipien. Dennoch lag der interessante Unterschied in der gleichzeitigen Verwendung von akustischen und visuellen Hilfsmitteln.

Die Potenzen und Grenzen der ALM-AVM kann man folgendermaßen klassifizieren:

– Das Sprachlabor ist etwas nützlich besonders, wenn der Lehrer kein Muttersprachler ist.

– Die Sprache ist im Sprachlabor etwas anderes als die normale authentische echte wirkliche übliche Alltagssprache. Das bedeutet die gelernte strukturelle Methode entspricht dazu der Alltagssprache.

– Die geschriebene Sprache ist beispielsweise nachrangig, so gibt es einen Widerspruch zwischen Dominanz der Grammatik und Situativität der Sprache.

– Die Bilder genügen nicht, um alle abstrakten Termini zu erklären.

– Die Lernprozesse sind überhaupt monoton, denn die dargestellten Übungsformen der ALM/AVM neigen zur Monotonie.

Letztlich unterdrücke die ALM/AVM die Fähigkeiten des Fremdsprachlernens, deshalb entstand eine neue Methode, und zwar die vermittelnde Methode (VM)

Die Vermittelnde Methode (VM) : Nach dem zweiten Weltkrieg kamen Ausländer und hatten keine Vorkenntnisse in der deutschen Sprache. Also die meisten waren Arbeiter, deshalb entstand ein neues Buch von Schulz und Griesbach im Jahre 1955 (Deutsche Sprachlehre für Ausländer), und es verbindet das Einbetten des Lernstoffs in Alltagssituationen mit dem Mündlichen. Nach Schulz und Griesbach sind die Texte natürlich dialogisch präsentiert. Weiterhin lässt sich die Vermittelnde Methode die Prinzipien aus ausgeklammerten Methodenkonzepten auswählen und miteinander mischen. D.h. **die Vermittelnde Methode** definierte sich als Mischung zwischen den Prinzipien der GÜM. und der ALM. Dabei lag das induktive Verfahren dieser Methode zugrunde. Es ist zu berücksichtigen, dass das Verständigen in Gesprächen ganz wichtig ist. Betont wird dialogische Alltagskommunikation; basierend auf zyklischer Progression von Elementaren zum Spezifischen. Bei der VM. wird der Frontalunterricht bevorzugt, wo der Lerner selbst Können und Wissen des Erwerbs konfrontiert. Hinsichtlich dieser Aussage wird die Selbstständigkeit des Lerners gefördert.

Folglich hat **HENRICI(1996,**512)[13] die Prinzipien der VM. wie folgt zusammengefasst: – Orientierung an geistig formalen Bildungskonzepten [.],

– hoher Stellenwert des Grammatikunterrichts (nur über Wissen kann Können erreicht werden, vom Beispiel zur Regel). Der Grammatikunterricht verläuft in zyklischen Progressionen „vom Elementaren zum Spezifischen",

– hoher Stellenwert des Literaturunterrichts(Textanalyse, Reflexion über Texte),
– Orientierung an pragmatischen Lernzielen „wichtig ist die Verständigung in Gesprächen",

– Betonung von dialogischer Kommunikation (Alltagskommunikation),
– Beachtung des Prinzips der aufklärten Einsprachigkeit das Verstehen muss gesichert werden,

– Bevorzugung frontaler Unterrichtsformen(der Lehrer muss Könnens- und Wissenserwerb kontrollieren,

– Berücksichtigung von die Selbstständigkeit der Lernenden fördernden Unterrichtsformen (die Eigentätigkeit des Lernenden muss gestützt werden.)
Abschließend blieb die **VM.** nicht lange Zeit. Ihr folgte die kommunikative Didaktik mit dem pragmatisch-funktionalen Konzept[14]

---

[13]Henrici, Gert :Kleine Geschichte der Fremdsprachenlehr- und Lernmethoden. In.: Henrici, Gert; Riemer, Claudia (Hrsg.) mit Arbeitsgruppe. Einführung in die Didaktik des Unterrichts Deutsch als Fremdsprache mit Videospielen Band2, Auflage2 Schneider Verlag Hohengehren GmbH Baltmannsweiler 1996,S.512
[14]Neuner, G; Hunfeldt, H: Methoden des fremdsprachlichen Deutschunterrichts. Eine Einführung Fernstudien-einheit.4.Langenscheidt Verlag, München 1993 S.34ff

Die kommunikative Methode und das pragmatisch-funktionale Konzept (KD)

Das pragmatisch-funktionale Konzept, auch kommunikative Didaktik genannt, basierte vor allem auf einem offenen und lernzentrierten Konzept. Die pragmalinguistische Sprache betrachtete die Sprache nicht als System von Formen, sondern als menschlichen Handels. In diesem Gedankengang ist anzumerken, dass im Jahre 1969 das Reformklima mit einer sozialen Bewegung begann. Aus diesem Grund gab es eine wachsende Mobilität der Menschen in verschiedenen Bereichen. Dabei haben sich Kommunikationsmittel rasend entwickelt wie Telefon, Rundfunk, Fernsehen, Internet etc. Al-le diese Bedürfnisse führen im Allgemeinen zur Entwicklung der kommunikativen Didaktik seit der ersten Hälfte der 70er Jahre. Die kommunikative Methode wurde sehr berühmt unter dem Einfluss von PHIEPHO in den siebziger Jahren. Sie beschreibt Strukturen, Regelsysteme und gleichzeitig integriert den funktionalen Aspekt in Kommunikationssituationen. Am Anfang der 70er Jahre wurde die kommunikative Wende in England (Wilkens 1976)eingeleitet und durch Arbeiter des Europarats von (EK, Alexander 1975)verbreitet **(Vgl. HENRICI)**[15]

Hierzu wird der kommunikativen Kompetenz als oberstes Lernziel des Fremdsprachenunterrichts in der Mitte der 70er Jahre unter dem Einfluss von PIEPHO einen beachtlichen Stellenwert beigemessen. Also die Bildungsreform betraf eigentlich eine kommunikative Kompetenz. Dann war der Bedarf an den Fremdsprachen sehr groß geworden. Zunächst veränderten sich die Bedürfnisse und die Dialoge wurden dafür mit Sprechintentionen festgebunden, wie zum Beispiel „sich beschweren", „sich begrüßen" usw. Heute entdeckt man die Sprache in dem pragmatisch-funktionalen Konzept als Kommunikationshandeln: Sprechakte, Sprachhandeln, und Sprechintentionen. Überdies stand die Versprachlichung der Sprechintentionen im Vordergrund und die kommunikative Didaktik wurde gültig für Erwachsene. Da die Sprache eingesetzt wurde.

---

[15]Vgl. Henrici, Gert :Methoden des Deutsch als Fremdsprache-Unterrichts. In .: Helbig, Gerhard; Götze, Lutz; Henrici, Gert; Krumm, Hans-Jürgen.: Deutsch als Fremdsprache. Ein internationales Handbuch.2. Halbband Walter de Gruyter. Berlin, New York 2001 S.847

Im Folgenden soll es darum gehen, dass das Ziel des Fremdsprachenunterrichts die Fähigkeit der Fremdsprachenlerner sprachlich handeln zu können ist. Die kommunikative Didaktik beschreibt und erklärt nicht nur die Strukturen, sondern auch sie integriert die Funktionalität der Sprache in realen Kommunikationssituationen. Weiterhin legte die kommunikative Didaktik den Akzent am häufigsten auf das Mündliche. Das Schriftliche wurde als nachrangig gesehen. Deswegen war sie nur ein Mittel und kein mehr Zweck. Grammatische Strukturen waren eigentlich kommunikativ, wo die Lerner selbst Formen und Strukturen herausfinden. Einige Sozialformen wie Gruppenarbeit, Partnerarbeit konnten am häufigsten bei dieser Methode verwendet werden. Sprechintentionen einer Grammatiklektion wurden aufgegriffen und die Alltagssituationen zur Beschreibung einiger Aspekte der Zielkulturen benutzt. Die kommunikative Didaktik machte das Unterrichtkonzept flexibel, offen, wo der Lernprozess das Alte mit dem Reiz des Neuen verband.

Inhalte wurden mit neuen Kenntnissen verbunden. Isolierte Übungen führen nicht allein zur Kommunikation. Die Übungen sind im Allgemeinen in Form von Sequenzen bei dem pragmatisch-kommunikativen Ansatz präsentiert. Dazu halfen die Übungssequenzen den Lernenden beim Verstehen. Die Übungen, die nach kommunikativer Methode kategorisiert waren wie Schreib- Hör- und Grammatikübungen, berücksichtigten den schrittweisen Aufbau der Steuerung des Lernenden. Sie waren aber auch abwechslungsreich.

Wesentliche Einwände fasst **NEUNER**[16]84 wie sie etwa von (Vielau 1976) und Zimmermann (1977 vorgebracht wurden zusammen: Überbetonung des Mündlichen, Vernachlässigung des Lesens, Verwirrung durch uneinheitliche Terminologie, zu starke Betonung von Oberflächenphänomenen der Sprache, die es erschwert, an der Oberfläche ähnliche Phänomene auseinander zu halten, Vernachlässigung der Kreativität im Umgang mit der Sprache zugunsten des unbewussten Nachplapperns auswendig gelernter Dialogteile und Satznutzung[…].Das interkulturelle

---

[16]Neuner, Gerhard: Randbemerkungen zum Wandel der Bedeutung der Grammatik in den Methoden des Fremdsprachenunterrichts. In .: Ehnert, Rolf; Piepho, Hans- Eberhard (Hrsg.): Fremdsprachen lernen mit Medien. Festschrift für Helm von Faber zum 70. Geburtstag. Max Hueber Verlag München 1996, S. 220

Perspektivisieren gilt eigentlich als Fortsetzung der kommunikativen Methode. **Der Interkulturelle Ansatz (IA)**

Der interkulturelle Ansatz dient als Kommunikationsmittel zwischen Lernern und Kulturen. Der mündliche Sprachgebrauch(Sprechintentionen und Sprechakte) erhält eine Dominanz vor dem Sprachwissen. Zunächst einmal verlangt der IA. mehr die Fähigkeit zu interkultureller Kommunikation und die Lese- und Schreibfertigkeit wird gefördert.

HAß[17]meint, dass mit der zunehmenden Globalisierung sowie der Verbreitung und Nutzung der neuen Kommunikationsmedien seit Ende der1980er Jahre die Bedeutung der soziokulturellen Aspekte beim Lehren und Lernen von Fremdsprachen weiter zugenommen hat. An dieser Stelle sei es noch einmal darauf hingewiesen, dass der interkulturelle Ansatz methodische Verfahren besonders in den kulturellen Ebenen realisiert. Interkulturelle Texte erleichtern den Übergang zum Fremden und verbessern das Verstehen des Eigenen. Didaktische Methoden wollen wir in diesem Zusammenhang theoretisch erklären.

1.2.2 Didaktische Methoden in der praktischen Untersuchung einer wissenschaftlichen Arbeit

Nachdem wir die Methoden des Fremdsprachenunterrichts erklärt hatten, lenken wir die Aufmerksamkeit vor allem auf vorliegende didaktische Methoden im Rahmen der Unterrichtspraxis und sogar bei den wissenschaftlichen Arbeiten. Außerdem wird betrachtet, dass die visuellen Medien zur Visualisierung der Inhalte und der Menschkompetenzen beitragen. Wichtig sind für Didaktische Methoden, dass diese Art von Arbeitstechniken viel Wert auf Methoden des Fremdsprachenunterrichts in Anspruch nimmt. Ursprünglich kommt das Konzept „Methode" aus dem Griechischen und bedeutet Zug, und Verfahren. Unter Methodik versteht **VIELAU**[18] „wenn auf der

---

[17]HAß, Frank: Methoden im Fremdsprachenunterricht. In .: Hallet, Wolfgang; Königs, Frank G. (Hrsg.): Handbuch Fremdsprachendidaktik. 1. Auflage, Klett, Kallmeyer 2010, S.154

[18]Vielau, Axel (1985) : Spracherwerb, Sprachlernen, Sprachlehrmethodik, Thesen zur Methodologie des Fremdsprachenerwerbs. In EAST 1,9-30. In .:Helbig, Gerhard; Götze, Lutz; Henrici, Gert; Krumm, Hans-Jürgen.: Deutsch als Fremdsprache. Ein internationales Handbuch.2. Halbband Walter de Gruyter. Berlin, New York 2001 S.841

Basis bestimmter didaktischer Prämissen ein faktorenübergreifendes Handlungskonzept des Lehrens- und Lernens entwickelt wird[...]."

Begleitet wird die Ideenerweiterung durch kreative Techniken. In dieser Hinsicht erfordert kreative Techniken die Erzeugung der Ideen. Diese führt eigentlich zum Moderieren, zum Darstellen, zum Generieren und zum Erweitern der Ideen und sie führen endlich zur Problemlösung. Das Prinzip der visuellen Methoden besteht darin, dass die Sichtbarkeit und die Visualisierung der didaktischen Zwecke von großer Bedeutung sind. Es sollten geeignete Mittel zur Verfügung stehen. Am Beispiel nehmen wir Medienwerkzeuge und sowohl auf dem Minimieren basiert dieses Forschungsinstrument als auch auf dem Eröffnen des freien Zugangs.

Projektarbeit als vorherrschende Methode zählt zu den didaktischen Methoden. Generell erfordert die Arbeit in Projekten die Zielsetzung, Ausführung und Bewertung. Auf den wichtigsten Merkmalen basiert didaktische Methoden wie z.B. auf der *Teamarbeit, der Interdisziplinarität und vor allem auf der Selbstverantwortung.*

2. Fragebogen als Forschungsinstrument einer wissenschaftlichen Arbeit

Die zitierten Merkmale der didaktischen Methoden dienen unbedingt zur Vertiefung der Projekte und zum didaktischen Zusammenhang.

2.1 Definition des Begriffs „Fragbogen„

Die vorliegende Definition zum **Fragebogenbegriff** findet sich bei **KALLUS**[19](2010): „Ein Fragebogen„(Plural: Fragebogen, regional auch: Fragebögen, eng. und franz. Questionnaire) ist ein Instrument zur Darstellung [.] Ein Fragebogen ist weniger aufwendig als ein psychologisches Interview, so dass leichter eine große Anzahl von Personen für statische zulässige Aussagen unterrichtet werden kann. Dazu gibt es vielfältigere multimediale Arten des Fragebogens.

---

[19]Kallus, K.Wolfgang(2010): Einstellung von Fragebogen. Wien. Facultas WUV/UTB

2.2 Typen des Fragebogens

Verwendet werden **Fragebögen** sowohl in einer Computergestützten als auch papiergebunden Formate. Dank der **Online-Befragungen** bekommt jeder Forschende /Lehrkraft erweiterte unterschiedliche Infos. Die Befragungen sollen der *Klarheit* und der *Verständlichkeit* entsprechen. Im Allgemeinen benötigen wir als Lehrkräfte Fragebögen und Elektronische Befragungen in der wissenschaftlichen Arbeit oder **Fragebogenmethode** in der Unterrichtspraxis des DaF- Unterrichts und sogar im mündlichen Diskurs. In diesem Sinne bewerten sich Forschende mit Bewertungsbögen zur abschließenden Beurteilung und Evaluation der Forschungsarbeit.

Beachtet werden können Fragebögen von bestimmten methodischen Kriterien: *Ziel der Befragungen, Standardisierung der gestellten Fragen und Antwortmöglichkeiten,* die wahrscheinlich zur Fokussierung der Lehrziele beitragen. Neben den oben zitierten Kriterien steht die Verständlichkeit der gestellten Fragen am Beispiel im mündlichen Vortrag im Vordergrund. Die Gesamtdauer des Referates oder des Vortrags beträgt 10 Minuten bis 15 Minuten und leistet einen großen Beitrag zur Personalisierung der Lehrperson. Die Fragebögen können von DaF-Studierenden, Lehrenden/ Lehrkräften….etc selbständig ausgefüllt werden. Dazu findet man eine Vielfalt und verschiedenartige Möglichkeiten für Fragen -und Antwortformate.

Zu den Typen der Fragebögen sind z.B . Fragen und Antwortformate und methodisch lassen sich folgende Arten des Fragebogens unterscheiden:

_ *Digitale Formate;*

_ *Fragebogen-Interview;*

_*Ordnungsfragen;*

_*Skalafragebogen;*

_*Ja/nein- Fragen*

Also Fragebogen-Interview kann die Antwortmöglichkeiten protokollieren. Meinungsforschung benutzen die meisten Interviewer und sie legen die

Aufmerksamkeit sogar auf die gestellten Fragen mit Interview. Bei dem so genannten Fragebogen-Interview werden die Personalisierung /die persönliche Frage erhöht. Beispiele sind für die geschlossenen Fragen: Was schreibt die Expertin für Didaktik des Deutschen in ihrer Freizeit? Ausgewiesen werden können die Antwortmöglichkeiten der JA/nein- Fragen in Prozenten. Diese Art Von Fragebögen lässt sich durch Diagramme ausweisen. *Ordnungsfragen* nach erstens, zweitens,...etc gehören beispielsweise zu den Arten des Fragebogens. Die Antworten von *skalierter Form* sollen numerisch sein. Beispiel mit einer Skala von 1 bis 10 ist wichtig. Mehrere Alternativen hat der Befragte, was für die Antwortmöglichkeiten anbelangt.

Die Antworten sind z.B. Ich weiß nicht. Abhängig sind die Antwortmöglichkeiten von der Auswertung. Anderseits ist es zu erwarten, dass einige Forschende/ Lehrkräfte manchen Fragebögen gerade deswegen kritisieren Aus diesem Grund sollen weiterführende Gesichtpunkte: *Transparenz, Verständlichkeit, Klarheit und Gültigkeit* beachtet werden. Ganz kurz erklären wir im folgenden Kapitel die Realisierung und Bewertung des Fragebogens und der *Fragebogenmethode*.

3. Zur Realisierung und Bewertung des Fragebogens und der Fragebogenmethode

Egal, ob der Forschende oder der Hochschullehrende /Dozierende eine theoretische Arbeit bzw. eine empirische Untersuchung verfasst, sind Anforderungen meiner Meinung nach bei allen wissenschaftlichen Arbeiten nicht identisch. Also die Anforderungen an eine empirisch-praktische Arbeit unterscheiden sich von den Anforderungen an eine theoretische Arbeit. Methodisch legen wir viel Wert auf die Kenntlichmachung und die Sichtbarkeit der Ideen nur im Rahmen der gestellten Fragen bzw. in der Unterrichtspraxis. Bei Schriften sollte man im Vordergrund auf Serifen geachtet werden.

Folgende Punkte fassen wir in diesem Zusammenhang zusammenfassen:

_Seitenränder 2,5 Cm links, rechts, oben und unten;

_Schriftgröße 13pt;

_Zeilenabstand1,5;

Linksbündig;

Hochformat;

_ „Times New Roman" oder „Verdana" in Serifenloser Schrift_

Dezimalstellen

Je nach gewählter Schriftart 12 bis13pt beträgt die Schriftgröße und der Schreibende soll Dezimalstellen verwenden. Abschließend enthält jede wissenschaftliche Arbeit abschließend eine unterschriebene Eigenständigkeitserklärung.

Endlich kann geschlussfolgert werden, dass die Befragungen und Fragebogenmethode Hochschullehrenden, DozentInnen- und Expertinnen für Didaktik als Fremdsprache mehr Chance geben, um geniale Ideen zu schreiben. Des Weiteren können die Antwortmöglichkeiten der offen gestellten Befragungen frei beantwortet werden.

In Anlehnung an manchen Kolleginnen und Expertinnen für den Didaktikbereich wäre die Fragebogenmethode ständig eine geliebtes Unterrichtsinstrument im DaF-Unterricht.

4. Quellenangaben

❖ **BAUCH et al** :Handbuch Fremdsprachenunterricht 3.überarbeitete und erweiterte Auflage. Francke Verlag, Tübingen und Basel :1995,S.183

❖ **Desselmann, Günther ;Hellmich, Harald** : Didaktik des Fremdsprachenunterrichts Deutsch als Fremdsprache, Leipzig. In.: Helbig, Gerhard; Götze, Lutz; Henrici, Gert; Krumm, Hans-Jürgen.: Deutsch als Fremdsprache. Ein internationales Handbuch.2. Halbband Walter de Gruyter. Berlin, New York 2001 S.842

❖ **HAß, Frank:** Methoden im Fremdsprachenunterricht. In .: Hallet, Wolfgang; Königs, Frank G. (Hrsg.): Hand-buch Fremdsprachendidaktik. 1. Auflage, Klett, Kallmeyer 2010, S.154

❖ **Heyd, Getraude :** Deutschlehren. Grundwissen für den Unterricht in Deutsch als Fremdsprache 1999, S.26

❖ **Heuer, Helmut**(1989,419): Unterrichtsmethoden .In: Bausch, Karl-Richard; Herbert, Christ; Werner, Hüllen u.a (Hg.):Handbuch Fremdsprachenunterricht. Tübingen 410-413

❖ **Henrici, Gert** :Kleine Geschichte der Fremdsprachenlehr- und Lernmethoden. In.: Henrici, Gert; Riemer, Claudia (Hrsg.) mit Arbeitsgruppe. Einführung in die Didaktik des Unterrichts Deutsch als Fremdsprache mit Videospielen Band2, Auflage2 Schneider Verlag Hohengehren GmbH Baltmannsweiler 1996,S.510

❖ **Henrici, Gert** : Methoden des Deutsch als Fremdsprachenunterrichts. In.: Helbig, Gerhard; Götze, Lutz; Henri-ci, Gert; Krumm, Hans-Jürgen.: Deutsch als Fremdsprache. Ein internationales Handbuch.2. Halbband Walter de Gruyter. Berlin, New York 2001 S.844

❖ **Kallus, K.Wolfgang**(2010): Einstellung von Fragebogen. Wien. Facultas WUV/UTB

❖ **Neuner ,Gerhard; Krüger, Michael; Grewer, Ulrich**: Übungstypologien zum kommunikativen Deutschunterricht, München, Langenscheidt Verlag 1981S.11

❖ **Neuner, G; Hunfeld, M**: Methoden des fremdsprachlichen Deutschunterrichts. Eine Einführung Fernstudieneinheit. 4 .Langenscheidt Verlag, München 1993 S.24 ff

❖ **Neuner, Gerhard:** Randbemerkungen zum Wandel der Bedeutung der Grammatik in den Methoden des Fremdsprachenunterrichts. In. : Ehnert, Rolf; Piepho, Hans-Eberhard (Hrsg.): Fremdsprachen lernen mit Medien. Fest-schrift für Helm von Faber zum 70. Geburtstag. Max Hueber Verlag München 1996, S. 220

❖ **Vielau, Axel:** Audiolinguales oder bewusstes Lernen. Aspekte zur Methodologie des Fremdsprachenunterrichts. In: Krammer, J: Bestandaufnahme Fremdsprachenunterricht. Argumente zur Reform der Fremdsprachendidaktik Stuttgart 1976

❖ **Vielau, Axel (1985)** : Spracherwerb, Sprachlernen, Sprachlehrmethodik, Thesen zur Methodologie des Fremdsprachenerwerbs. In EAST 1,9-30. In .:Helbig, Gerhard; Götze, Lutz; Henrici, Gert; Krumm, Hans-Jürgen.: Deutsch als Fremdsprache. Ein internationales Handbuch.2. Halbband Walter de Gruyter. Berlin, New York 2001 S.841